SAINT FRÉDÉRIC

ÉVÊQUE DE LIÉGE

(1119-1121)

par F. MAGNETTE

Docteur en philosophie et lettres

Extrait du Bulletin de la *Société d'art et d'histoire du diocèse de Liége*

Tome IX

LIÉGE

L. GRANDMONT-DONDERS, IMPRIMEUR-LIBRAIRE

D. CORMAUX, Succ^r

22 — RUE VINAVE-D'ILE — 22

—

1895

SAINT FRÉDÉRIC, ÉVÊQUE DE LIÉGE

(1119-1121)

SAINT FRÉDÉRIC, ÉVÊQUE DE LIÉGE [1]

(1119-1121)

Frédéric, successeur d'Otbert au siège épiscopal de Liége, à qui ses vertus et son dévoûment à l'église valurent bientôt le nom de saint [2], n'appartenait ni à la cité de Liége, ni à aucune autre ville de la principauté.

Il était né à Namur [3] vers l'année 1070 [4], et avait

(1) Travail commencé au cours de critique historique de M. le professeur Kurth, à l'Université de Liége (année académique 1891-1892).

(2) *Vita Frederici episcopi Leodiensis*, apud Pertz, *Monumenta Germaniae Historica, Scriptores*, t. XII, pp. 502-508, édition Wattenbach. Cette vie en prose est due à un contemporain, qui l'a rédigée après 1139. Insérée dans la *Chronique* de Gilles d'Orval, mais restée inconnue de Henschenius, elle a été publiée par Molanus, par Chapeaville et par Martène et Durand, *Amplissima collectio*, t. IV. M. G. Kurth a prouvé que l'auteur de la *Vita* est Nizon, moine, et maître de Rener de Saint-Laurent.

Vita metrica Sancti Frederici episcopi Leodiensis, publiée dans les *Analecta Bollandiana*, t. II, p. 259, par M. G. Kurth, d'après un manuscrit du British Museum, remontant au xiiᵉ siècle. L'auteur est probablement un contemporain. D'après les conjectures de M. Kurth, ce serait un moine de Saint-Trond, ayant vécu à l'époque des abbés Théodoric et Rodulphe (1099-1138).

(3) *Vita Frederici episcopi Leodiensis*, loc. cit., chap. V, p. 504.

(4) Voir plus bas, pour la fixation de cette date.

pour père le comte Albert III (1), et pour mère Ida, fille de Bernard II de Saxe. Sa famille était fort illustre, car en parcourant la lignée de ses ancêtres, on voit qu'il descendait de Charles, duc de Basse-Lorraine (2), dont la fille aînée, Ermengarde, avait épousé Albert Ier de Namur (3).

C'est donc bien avec raison que ses contemporains reconnaissaient en lui un rejeton d'une antique et illustre noblesse, un « descendant de rois et de » ducs (4). »

Le comte Albert de Namur, prince riche et opulent, excellent capitaine, avait eu quatre fils. L'aîné Godefroid hérita de la dignité comtale, et devint plus tard un précieux allié de son frère Frédéric, quand celui-ci vit son élection disputée. Le second portait le nom de Henri, et était comte de Laroche. Après lui venaient Frédéric, le futur prince-évêque de Liége, et enfin Albert, mort en Palestine sous le nom de comte de Jaffa (5).

(1) Albert III, mort en 1105. Au temps de Frédéric, le comté de Namur avait pour prince Godefroid, son frère aîné, mort en 1119.

(2) Frère de Lothaire qui a régné en France, fils de Louis IV, dit d'Outre-Mer, par conséquent petit-fils de Charles le Simple, descendant direct de Charlemagne. « Le sang de Charlemagne et de Witidinck » coulait dans ses veines, » dit Delvaux, *Mémoire pour servir à l'histoire ecclésiastique du pays de Liége*, t. II, p. 519, manuscrit de la Bibliothèque de l'Université de Liége.

(3) Voy. *Genealogia ex stirpe Sancti Arnulfi descendentium Mettensis*, apud Pertz, *Scriptores*, t. XXII, p. 383; Butkens, *Trophées de Brabant*, t. I, p. 110; Miraeus, *Opera diplomatica*, t. I, p. 363; D'Achéry, *Spicilegium*, nouvelle édition, t. II, p. 493; de Marne, *Histoire du comté de Namur*, t. I, p. 87; t. II, pp. 626 et suiv.; Galliot, *Histoire de Namur*, t. I, pp. 100-102.

(4) Voy. *Vita metrica Sancti Frederici episcopi Leodiensis*, loc. cit., et *Canonici Leodiensis chronicon rythmicum*, apud Pertz, *Scriptores*, t. XII, p. 419.

(5) *Vita Frederici*, chap. V; *Genealogia Mettensis*, chap. IV; Miræus, t. I, pp. 363 et 369; de Marne, t. I, p. 121 (édition Pâquot, 1781); Robaulx de Soumoy, *Chronique de Saint-Hubert*, p. 98. Albert, le père de Frédéric, avait épousé Ida en 1055. La naissance de notre évêque peut donc être placée vers 1070.

Le jeune Frédéric, dès son enfance, montrait le plus grand goût pour tout ce qui tenait aux choses de la religion. Très jeune encore, il fut formé à la piété par sa mère Ida, et placé sous la tutelle de Rélinde (ou Regelinde, femme d'Albert II), son aïeule, qui, depuis son veuvage, s'était consacrée à Dieu dans la retraite (1). Il fut envoyé plus tard à Liége, où il fréquenta l'école si renommée de la Cathédrale, et il y acquit une instruction aussi solide que variée.

Le biographe, auteur de la *Vita*, qui est le seul à nous parler de ce séjour de Frédéric à Liége, est trop sobre de détails. Nous voudrions en effet savoir combien de temps il y demeura, avant de faire partie du chapitre de Saint-Lambert, quels furent ses maîtres et ses compagnons, quels ont été ceux qui guidèrent ses premiers pas dans la vie publique. Nous serions surtout curieux de savoir s'il a joué ou voulu jouer un rôle dans les événements politiques dont il a dû être le spectateur, et quelle attitude il adopta entre adversaires et partisans de son fougueux prédécesseur.

Tout ce que l'on peut dire, c'est que du rang de chanoine (2) il s'éleva à celui d'archidiacre (3), puis à celui de grand prévôt de l'église cathédrale de Saint-Lambert (4). Il se trouva investi des importantes fonc-

(1) Extrait d'un *Fragment d'une histoire ecclésiastique du comté et diocèse de Namur*, publié dans les *Annales de la Société archéologique de Namur*, t. III, p. 145.

(2) Au titre de chanoine tréfoncier de Saint-Lambert, il dut d'avoir été choisi, en vertu d'une coutume établie depuis longtemps, comme prévôt du chapitre de Notre-Dame de Tongres.

(3) Il l'était pour l'archidiaconé de Brabant (deux cent treize paroisses). C'est ce que l'on voit par une charte de l'an 1112, relative à Incourt (canton de Jodoigne). Voy. *Regestes*, n° 13.

(4) *Vita Frederici episcopi Leodiensis, loc. cit.* On sait que le prévôt réglait tout ce qui avait rapport aux biens de la communauté, dirigeait les affaires d'ordre matériel du chapitre, et surveillait la gestion de tous les fonctionnaires religieux d'un rang inférieur au sien.

tions prévôtales, probablement dès les premières années de l'épiscopat d'Otbert (1).

Une piété de bon aloi, un caractère pacifique et doux, telles sont les qualités du prévôt et de l'évêque, de celui qui sera vénéré sous le nom de saint Frédéric.

Si l'on joint à cela des goûts portés vers la simplicité, une grande austérité de mœurs, de l'affabilité mêlée à de la modestie et à de la douceur, une intelligence se plaisant à l'étude des belles-lettres et des choses de l'esprit (2), on aura là une figure des plus sympathiques, offrant avec celle d'Otbert un véritable contraste (3).

Rien dans les éloges que lui décernent les contemporains, et certainement rien de ce que nous connaissons de sa vie, ne laisse supposer qu'il ait été, à l'image de son prédécesseur, un prélat maladroitement jaloux de son autorité et prêt à la défendre par tous les moyens, un prince plus occupé à défendre la cause d'un souverain étranger que les intérêts religieux de son diocèse. Tout au contraire, Frédéric fut, comme nous le dit l'annaliste de Rolduc, un homme purement dévoué à l'église, humble et religieux, et peu soucieux des honneurs (4).

Aussi, dès que ses fonctions ou les circonstances politiques le lui permettront, c'est-à-dire entre les années 1112 et 1115 probablement, s'empressa-t-il de mettre à exécution un projet qu'il caresse depuis longtemps déjà, celui d'aller visiter, en pèlerin, la Terre-Sainte (5).

(1) La charte la plus ancienne, où Frédéric apparaît comme grand prévôt, remonte à l'année 1095, la troisième du règne d'Otbert. Voy. *Regestes*, n° 1.

(2) *Canonici Leodiensis chronicon ryhtmicum*, loc. cit.; *Vita metrica Sancti Frederici*, vers 18 et suiv.; *Annales Rodenses*, apud Pertz, *Scriptores*, t. XVI, p. 699; *Bibliothèque de l'Ecole des chartes*, 2ᵉ série, t. III (1847), pp. 214-232.

(3) « L'intégrité des mœurs, la modestie, la sagesse plaidaient en » faveur de Frédéric. » Delvaux, ms. cité, t. II, p. 519.

(4) « Munerum non cupidus » disent les *Annales Rodenses*.

(5) A quelle date exacte fixer ce pèlerinage? On ne le saurait. La

Il ne faudrait cependant pas s'imaginer, d'après ce que nous avons dit du caractère de Frédéric, que le futur prélat joua un rôle effacé dans les luttes dont il fut le spectateur. Au contraire, il ne se fit pas faute d'intervenir dans le schisme qui troubla l'évêché à l'époque d'Otbert et de la guerre des investitures ; même il sut à l'occasion défendre énergiquement ses droits et ses prérogatives, et pour cela entrer en conflit avec le farouche évêque.

On connaît le règne d'Otbert, successeur de Henri le Pacifique et les longues luttes qui marquèrent son épiscopat (1). La cause d'où était sorti le schisme à Liége, était celle qui, à cette époque de l'histoire, déchirait le monde chrétien presque tout entier : les prétentions réciproques et si opposées des empereurs germaniques et des papes romains.

La principauté de Liége subissait le contre-coup des agitations d'Outre-Rhin. Deux partis s'y formèrent bientôt : l'un, celui de l'empereur Henri IV (2), avait pour chef l'évêque lui-même, et recrutait la plupart de ses adhérents dans la majorité des rangs de la

Vita (chap. V) qui est seule à nous en parler, ne nous renseigne point à cet égard. M. Daris, dans son *Histoire du diocèse et de la principauté de Liége jusqu'au XIIIe siècle*, faisant allusion à ce voyage, le place « vers 1115. » Cela est assez exact, quoiqu'on ne puisse être aussi précis. Bérenger de Saint-Laurent, auquel Frédéric se confessa avant de partir, mourut le 16 novembre 1115. Mais rien ne nous dit pour cela qu'il faut fixer le pèlerinage à pareille date ou vers pareille époque. Pour nous, il faudrait placer cet épisode entre 1107, année de la soumission d'Otbert, et l'année précitée 1115. Cette période de tranquillité et de paix, succédant à de longues années de trouble, devait, semble-t-il, permettre le mieux au grand-prévôt de s'absenter de Liége pendant un assez long temps. Nous serions même tenté de proposer les dates 1112 à 1116, car pendant ces quatre années, le nom de Frédéric n'apparaît plus dans aucune charte. Voy. *Regestes*, n°s 13 et 14.

(1) Cauchie, *La querelle des investitures dans les diocèses de Liége et de Cambrai*, t. II (1092-1107), Louvain, 1891.

(2) De la maison de Franconie ; succède à son père Henri III (1039-1056) ; sacré empereur le 31 mars 1084, par l'antipape Guibert de Ravenne ; mort à Liége, le 7 août 1106.

noblesse, du clergé (1) et de la population liégeoise.

D'autre part, les idées grégoriennes trouvaient des défenseurs dans les chefs de certains monastères (2), les plus importants par leur influence et leur richesse, ceux de Saint-Trond, de Saint-Laurent à Liége, et de Saint-Hubert en Ardennes. Ces deux derniers avaient pour abbés Bérenger et Thierry II. Ce furent eux qui firent le plus d'opposition à Otbert. Après bien des difficultés, le prélat simoniaque parvint à les remplacer par deux de ses créatures, Wolbodon et Ingobrand. Il imposa de même Lupon à Saint-Trond, Gislebert à Florennes et Guiremond à Brogne (3).

En 1095, l'abbé de Saint-Laurent, consacré par Otbert, dut être déposé, et Bérenger qui avait été évincé, comme on vient de le dire, put se réconcilier avec son ennemi et rentrer en possession de ses dignités. Quant à Thierry de Saint-Hubert, il avait préféré quitter tout à fait son monastère et se retirer en France. L'administration de l' « intrus » fut déplorable. En butte à l'opposition des religieux et des partisans de l'abbé légitime, il se vit délaissé de tous, et l'on agit comme si l'office d'abbé était vacant, par suite du départ de Thierry. Un prieur du nom de Wired fut plus tard choisi, et accepta des mains d'Otbert la direction de l'abbaye.

C'est alors que nous voyons intervenir le prévôt Frédéric. Celui-ci semble bien appartenir, de même que Bérenger de Saint-Laurent, à cette catégorie de prêtres qui, tout en restant attachés aux principes de Grégoire VII, ne voulaient cependant pas engager ou soutenir à outrance une lutte jugée par eux dange-

(1) Qu'on se rappelle la fameuse déclaration du clergé de l'église de Liége, en faveur de Henri IV, rédigée par Sigebert, et qui ne fut jamais désapprouvée, ni désavouée.

(2) Wattenbach, *Deutschlands Geschichtsquellen*, t. II, pp. 128 et suiv. ; Cauchie, *passim*.

(3) Cauchie, p. 20. Sur les abbés Bérenger et Wolbodon, voy. Daris, *op. cit.*, et le même, *Notices*, t. VI.

reuse, parce qu'elle était funeste aux intérêts de la religion, et retardait le rétablissement de la paix au sein du diocèse. C'étaient des « opportunistes, » pour employer l'expression de l'abbé Cauchie à l'adresse de Bérenger (1). Ainsi peut-on expliquer la présence de Frédéric et de Bérenger à Saint-Hubert, où leur rôle est celui de pacificateurs et de médiateurs entre les moines et leur nouvel abbé, Wired, qu'ils n'entendent point reconnaître, comme étant l'élu et la créature d'Otbert (2).

Ceci se passait en 1097, et on y voit la preuve intéressante pour nous, que Frédéric, prévôt depuis quelques années déjà (3), ne devait point vivre en désaccord avec le prince-évêque, puisque l'histoire nous le montre chargé, conjointement avec Bérenger, d'une réelle mission de confiance, destinée à ramener la paix depuis si lontemps troublée en Ardennes. Nous en voyons même une confirmation dans ce fait que l'année suivante, en 1098, Frédéric accompagne de nouveau Wired, lequel, après bien des hésitations, venait d'être ordonné par Otbert, et allait prendre possession de son abbaye (4). Devant l'opposition persistante des moines, sa présence, encore une fois, devait servir, pensait-on, à rétablir le calme. Mais le résultat ne fut guère plus heureux que l'année précédente. L'accueil fait à Wired et au prévôt fut glacial, au point que ceux-ci s'en retournèrent immédiatement dans la cité épiscopale exhaler leurs plaintes.

Cet épisode de la vie de saint Frédéric est important à retenir ; car on en peut conclure, avec beaucoup

(1) Cauchie, *op. cit.*, p. 78, note 1.

(2) *Chronicon Sancti Huberti Andaginensis,* apud Pertz, *Scriptores,* t. VIII, p. 619; Cauchie, *op. cit.*, p. 88; Robaulx de Soumoy, *Chronique de Saint-Hubert,* p. 143.

(3) Depuis 1095 certainement, puisqu'à cette date déjà on trouve une charte où il est cité en qualité de « praepositus. » Voy. *Regestes,* n° 1.

(4) *Chronicon Sancti Huberti, loc. cit.,* p. 620; Cauchie, p. 89; Robaulx de Soumoy, *op. cit.,* p. 146.

d'apparence de vérité, que notre futur évêque prêta un concours utile à Otbert, et travailla à éteindre les foyers de discorde dans la principauté. Le prévôt ne devait-il pas du reste trouver, dans cette intervention à Saint-Hubert, occasion de satisfaire le besoin de paix et d'ordre si profond en lui?

D'ailleurs ce même besoin était le mobile qui poussait plusieurs autres membres illustres du clergé liégeois à devenir, par nécessité, les coopérateurs d'Otbert. Nous pourrions citer l'archidiacre Henri, ami dévoué de l'abbé de Saint-Hubert; Etienne, abbé de Saint-Jacques, promoteur de la réforme de Cluny; Bérenger, naguère l'ennemi déclaré de l'évêque (1). L'adhésion du clergé liégeois à un ordre de choses contre lequel il lui était fort difficile de réagir était donc devenue à peu près générale. Mais si la réaction se trouvait alors toute puissante, l'église de Liége restait cependant fidèle aux doctrines de Rome, et si le clergé usait de tolérance, il n'avait toutefois, en agissant de la sorte, qu'une chose en vue, éviter de plus grands maux à la religion, et garantir son intégrité. Les tendances absolutistes et simoniaques d'Otbert devaient rencontrer de sérieux obstacles de la part de ce même clergé.

Précisément le prévôt Frédéric nous en donne un exemple curieux à un double titre, comme indice de la situation réelle du clergé en face de son chef, et comme preuve que le futur évêque savait déployer l'énergie nécessaire pour combattre les abus et l'injustice.

Au début de l'année 1104, Otbert, au mépris des privilèges de son clergé, avait fait jeter en prison deux serviteurs du grand prévôt (2). Sans hésiter, celui-ci cita l'évêque devant le tribunal de l'archevêque mé-

---

(1) *Chronicon Sancti Huberti*, *loc. cit.*, *passim*; Cauchie, *op. cit.*, pp. 98 et 99.

(2) *Chronicon Sancti Huberti*, *loc. cit.*, pp. 628 et suiv.; Cauchie, *op. cit.*, p. 182; Robaulx de Soumoy, *op. cit.*, p. 169.

tropolitain de Cologne (1). La réunion eut lieu le
10 mars à Aix-la-Chapelle, et là, comme décidés et
enhardis par l'exemple de Frédéric, tous les assistants
se mirent à se plaindre en même temps d'Otbert. Ce
fut un véritable assaut de griefs, de réclamations, de
réquisitoires, de reproches, d'accusations dont on
accabla le prélat, qui certes ne s'attendait guère à
pareil coup de théâtre. Il dut promettre de réparer ses
torts, et il ne sortit de cette périlleuse situation que
grâce à l'intervention personnelle de son puissant allié,
l'empereur Henri.

La réaction contre le parti impérial et son chef fut
donc déterminée par la résistance courageuse de Frédéric, et l'on a ainsi la preuve que, chez lui, la douceur
et la modération n'excluaient ni la fermeté ni la dignité.

Malheureusement, à partir de cette date de 1104,
les écrits du temps gardent un silence complet sur la
vie et les actes du futur prélat jusqu'à l'année 1119,
exception faite pour le pèlerinage en Terre-Sainte, dont
on a vu qu'il fallait placer alors le moment. Sa per-
sonnalité, on ne la voit plus se dégager dans des faits
propres à la mettre en relief. Dans les textes, peu nombreux relativement, où figure son nom, c'est à titre de
simple témoin qu'il est cité (2).

De rares fois seulement, il agit en vertu de sa propre
autorité de prévôt de l'église cathédrale. Ainsi on le
voit, en 1101, concéder à Giselbert, seigneur de Reckheim, cinq bonniers de terre, situés à Lantin (3). Une
autre fois, en 1116, il contribue, en vertu de cette
même autorité, à mettre fin à un conflit surgi entre le
chapitre de Saint-Lambert et l'avoué de Landen, à
propos de terres situées en Hesbaye (4).

(1) Frédéric, archevêque depuis 1099, mort le 25 octobre 1131.

(2) Voy. *Regestes.*

(3) *Bulletin de l'Institut archéologique liégeois*, t. IX, pp. 331-332.

(4) *Cathédrale Saint-Lambert*, charte n° 6, aux archives de l'Etat,
à Liége.

Mais tout cela jette peu ou point de clarté sur les années de sa vie qui précèdent son avènement au trône épiscopal. Il faut se borner à penser que, si Frédéric, à la mort d'Otbert, a été choisi pour évêque, c'est qu'il avait su acquérir dans la cité une place importante, et que ses vertus le désignaient à la faveur publique ; que si, d'autre part, il s'est trouvé en butte, dès les premiers jours qui suivirent la disparition d'Otbert, aux attaques violentes d'un compétiteur dévoué à l'empereur, et fort de l'appui de princes étrangers, c'est que ses adversaires voyaient sans doute en lui un homme dont la conduite antérieure leur faisait craindre une vive opposition aux abus, et une défense énergique de l'Eglise (1).

La piété, l'esprit de justice et la fermeté que nous lui connaissons, et qui durent se manifester mieux à mesure qu'il avançait en âge, ne pouvaient d'ailleurs que le recommander au choix de ceux qui désiraient voir régner définitivement la paix au sein de la principauté.

Quoi qu'il en soit, la mort d'Otbert, survenue au mois de janvier 1119 (2), fut le signal de nouvelles

(1) Les textes confirment cette opinion : « O *quanta* pace reponeret » ecclesiam, si praesul fieret ! » dit le *Chronicon rythmicum*. Et plus loin : « Hinc si Deus unquam det baculum, repullulet Wazonis seculum, » *qui praebendas dedit gratuito, simoniae liber illicito.* » L'abbé de Rolduc est heureux de se faire consacrer par le nouvel évêque, parce que, dit l'annaliste, Richer, qui n'avait pas voulu que la cérémonie fût célébrée par Otbert, préférait attendre la venue d'un prélat qui ne conférât pas les dignités ecclésiastiques non gratuitement « *non gratis* » (*Annales Rodenses, loc. cit.*, p. 699). Le chroniqueur Lambert le Petit voit en Frédéric un évêque persécuté pour avoir combattu l'hérésie simoniaque et défendu l'Eglise contre les attaques du duc de Louvain. Pertz, *Scriptores*, t. XVI, p. 633. La *Vita metrica Sancti Frederici*, n'est qu'un récit dramatisé de la lutte entre notre évêque et son compétiteur. Celui-ci y est appelé du nom caractéristique de *Symo*, personnifiant la simonie.

(2) La plupart des historiens placent la mort d'Otbert à la date du 10 janvier. Ernst, *Histoire du Limbourg*, t. III, p. 4, et Daris, *op. cit.*, p. 466, la placent au 31 janvier, date de la commémoration dans la cathédrale. Cf. Chapeaville, *Gesta pontificum Leodiensium*, t. II, p. 56.

luttes, où la violence et l'impiété se trouvèrent portées au plus haut degré. Avec cette mort s'ouvre aussi la période la mieux connue de la vie de saint Frédéric, celle où les témoignages contemporains sont le plus explicites.

La lutte des partis, un instant apaisée, revêt, dès les premiers jours qui suivirent la vacance du siège épiscopal, un caractère d'âpreté et de virulence inconnues jusque-là.

A peine les fidèles sont-ils réunis pour procéder au choix du successeur d'Otbert, qu'un défaut complet d'entente se manifeste au sein de l'assemblée : clergé, noblesse, peuple sont en désaccord. Les sympathies se partagent, allant d'une part à Frédéric de Namur, de l'autre à l'archidiacre de Saint-Lambert, Alexandre fils d'Otton, comte de Juliers, trésorier et vicaire-général de l'église majeure, prévôt des églises Saint-Martin, Saint-Barthélemy et Saint-Paul à Liége, ainsi que de l'église Notre-Dame de Huy (1).

Le principal agent de la désunion (2) était, au dire du biographe de la *Vita*, un Henri, archidiacre de Saint-Lambert, qui devint plus tard un partisan déclaré d'Alexandre de Juliers (3). Mais nous pensons que ce Henri n'agissait pas de son propre mouvement. Il faut surtout voir dans cette affaire l'intervention de Gode-

----

(1) Plus tard évêque de Liége, après Albéron Ier, successeur de saint Frédéric, le 18 mars 1129. Déposé au concile de Pise en 1134, mort le 6 juillet 1135.

(2) Pour tout ce qui va suivre, voir la *Vita Sancti Frederici, loc. cit.*, biographie déjà publiée dans l'*Amplissima collectio*, t. IV, p. 1025, et dans les *Acta sanctorum*, mai, t. VI, p. 725 ; *Gesta abbatum Trudonensium*, apud Pertz, *Scriptores*, t. X, pp. 213 et suiv. (continuatio prima), et édition de Borman, *Chronique de l'abbaye de Saint-Trond*, t. I, pp. 192 et suiv. ; Gilles d'Orval, apud Pertz, *Scriptores*, t. XXV, pp. 95 et suiv. ; *Vita metrica Sancti Frederici*, apud *Analecta Bollandiana*, t. II ; Ernst, *Histoire du Limbourg*, t. III, pp. 4 et suiv. ; Mélart, *Histoire de Huy* ; de Marne, *Histoire du comté de Namur*, t. I.

(3) Ce Henri apparaît dans nombre de chartes, en qualité de témoin, en même temps que Frédéric. Il était fils d'un comte de Montaigu.

froid Ier, dit le Barbu, duc de Louvain et de Basse-
Lotharingie, à l'instigation duquel Henri et Alexandre
prirent une attitude si ouvertement hostile. Bien qu'aucun texte ne le dise clairement, sauf Gilles d'Orval, ce
fait doit être avéré, car nous savons, par la *Vita*, que très
peu de temps après la mort d'Otbert, Alexandre, une
fois nommé évêque par l'empereur, séjourna à Liége,
s'y montrant partout dans la compagnie de Godefroid
et de plusieurs autres nobles. Cette présence prouve à
l'évidence que des rapports étroits existaient entre lui
et Alexandre. Et d'ailleurs Godefroid va soutenir à main
armée le compétiteur de Frédéric, et il ne cessera d'être
pour lui un allié aussi précieux que puissant.

L'archidiacre, pour gagner du temps, usa d'un sub-
terfuge. Il fit citer Frédéric, pour une cause frivole
(frivola appellatione) devant le tribunal du métropolitain à Cologne. Ce délai apporté à l'élection épiscopale
permit à Alexandre, homme intelligent, mais ambitieux
et sans scrupules, de gagner par des dons et des promesses l'appui d'une notable partie de la noblesse que
dirigeait sans doute l'influence du Barbu (1). Alors,
fort de ses alliés, se croyant certain du succès, il jette
le masque. Allant trouver l'empereur Henri V, il en
obtient l'investiture de l'évêché de Liége par l'anneau
et la crosse. L'opinion s'était même répandue que ce
fut à prix d'argent (2).

(1) Dans le *Cartulaire de Sainte-Croix* (non encore imprimé), nous
relevons cette phrase qui confirme notre opinion : « la discorde se mit
» dans la cité parce qu'Alexandre, dans ses démarches auprès de l'em-
» pereur, s'appuyait sur le duc de Louvain et certains autres nobles,
» *faventibus duce Lovaniensi et pluribus nobilibus.* » Butkens, *Trophées de Brabant*, t. I, p. 99, dit sans réticence que « le Duc portait
» entièrement le parti d'Alexandre. »

(2) Il est à remarquer que l'auteur de la *Vita* n'est pas catégorique :
« *ut fertur,* » dit-il, en parlant de la somme offerte à l'empereur. L'historien Bouille admet le fait comme ne souffrant aucun doute (t. I, p. 138).
Mélart, l'historien de Huy, dit simplement (t. I, p. 138) : « Alexandre
» eut la dénomination et les régaux de l'Empereur Henri cinq, vers qui
» il était allé par le conseil de Godefroid, comte de Louvain. »

Pendant ce temps, le prévôt Frédéric, jugeant que la situation devenait dangereuse, se mit de son côté en mesure d'agir. Il réunit autour de lui les membres du clergé des églises et leur défendit d'assister à la messe solennelle qu'allait célébrer l'évêque simoniaque à son retour d'Allemagne (1).

Toutes les églises, sauf celles dont Alexandre était le prévôt, obéirent (2).

C'est dans ces conditions que sous la protection de Godefroid, l' « intrus » fut intronisé. Accompagné par ce prince, plusieurs nobles et un grand nombre de soldats, il fit son entrée dans la Cathédrale. Là il voulut, en signe de prise de possession du pouvoir et, selon la coutume, saisir la corde des cloches du temple. Mais la corde, dit-on, lui resta dans les mains, et beaucoup virent dans cet incident un présage de mauvais augure pour son avenir (3).

L'abstention presque complète des clercs, lors de la réception d'Alexandre, prouva que si l'appui de la noblesse était acquis à la créature de Henri V, le clergé liégeois, lui, entendait rester fidèle à ses traditions. Il était du reste soutenu en haut-lieu. Car nous voyons l'archevêque de Cologne, le métropolitain Frédéric, approuver pleinement la conduite du grand prévôt, et lancer même l'excommunication contre son compéti-

(1) Bouille parle d'une assemblée du chapitre de Saint-Lambert, où Frédéric aurait exhorté le clergé à ne pas recevoir Alexandre. Cela paraît se rapporter au passage suivant de la *Vita* : « Domnus Fredericus » reliquis ecclesiarum, ne…, interdixerat, multa oratione consolans » pavitantes » chap. III, p. 5o3.

(2) C'est ainsi que les chanoines de Saint-Paul, se mêlant à la querelle, prirent parti contre Frédéric. Thimister, *Essai historique de l'église de Saint-Paul*. — Cf. Jean d'Outremeuse, *Chronique*, édition Bormans, t. IV, p. 324.

(3) A côté de ce récit se place, dans la *Vita*, un autre, qui a tous les caractères d'une légende (voy. chap. III). Il s'agit d'une prédiction faite à un ami du prévôt, Francon, par un inconnu. La victoire de Frédéric, ses tribulations et sa mort, les miracles sur sa tombe, l'avènement d'Albéron I, le règne passager d'Alexandre de Juliers y sont prophétisés.

teur. Il envoya des députés à Liége « pour qu'on ne
» donne pas son assentiment à l'élection simoniaque (1). »
De plus il adressait une lettre aux membres du clergé
pour leur défendre de recevoir l'intrus (2).

Celui-ci se voyait enfin invité à comparaître, le di-
manche des Rameaux, devant un synode réuni pour
délibérer sur les affaires présentes. Mais Alexandre
dédaigna de s'y rendre, et il y fut anathématisé.

Les Liégeois demandèrent alors, par l'organe de
leurs représentants à Cologne, à pouvoir procéder
chez eux à l'élection, la seule légitime.

Mais elle ne put avoir lieu, grâce à des difficultés
soulevées par les gens du duc Godefroid. Elle se fit
donc définitivement à Cologne, où s'était rendue une
délégation du chapitre. Le résultat du vote ne pouvait
être douteux. Frédéric fut élu évêque, le 23 avril 1119,
du vœu et du consentement unanimes (3) de ceux qui
prirent part à l'élection, les principaux du chapitre
cathédral et du clergé de la cité (4).

Frédéric et ceux qui avaient assisté à l'assemblée de
Cologne étaient cependant toujours absents de Liége.
Leur retour ne fut pas aussi aisé que l'avait été l'élection. Cheminant ensemble, ils se virent en butte à mille
embûches dressées par Alexandre, qui s'était mis en
personne à la tête de bandes armées. De Maestricht à
Liége, leur route fut semée de difficultés, et chaque

(1) Voy. *Vita Frederici episcopi Leodiensis.*
(2) Lettre non datée, publiée dans Martène, *Thesaurus anecdotorum*,
t. I, p. 376, dans les *Concilia Germaniae*, de Hartzheim, t. III, pp. 291
et 771, et à la suite de la *Vita metrica*, édition Kurth citée également
par Delvaux, *op. cit.*, t. II, p. 520.
(3) « Nam elegerunt Fredericum *mira* fidelium unanimitate, » dit
Gilles d'Orval. — Rodulphe de Saint-Trond prit part à l'élection. *Gesta
abbatum Trudonensium*, liv. XI, chap. III.
(4) Lire dans Daris, *Notices*, t. III, les détails sur les élections des
évêques à Liége. On voit qu'à l'époque qui nous occupe, le véritable
droit de suffrage était resté au clergé du diocèse et à celui de la cathédrale de Liége, avec prépondérance de plus en plus marquée de ce
dernier.

— 15 —

jour renouvelait, avec les dangers, les alarmes des
pieux voyageurs.

Cependant le nouvel évêque put heureusement
rentrer sain et sauf dans sa bonne ville. Son adversaire
en était sorti depuis peu, pour se retirer en lieu sûr, et
y attendre les événements (1).

Quelques mois après, l'élection fut solennellement
confirmée au concile de Reims présidé par le pape
Calixte II (2). C'est dans cette assemblée célèbre que l'on
décréta des mesures sévères contre la simonie et les
investitures laïques, là que Henri V et Alexandre de
Juliers furent excommuniés (3), là enfin que, le di-
manche 26 octobre, l'élu de Liége, Frédéric de Namur,
se vit consacré et béni évêque par le Saint-Père, en
présence de plus de trois cents prélats et abbés (4).

(1) *Gesta abbatum Trudonensium*, liv. XI, chap. III, apud Pertz,
loc. cit., p. 299. On trouve dans cette chronique une phrase fort ob-
scure, dont on ne peut guère déduire qu'Alexandre s'était retiré à Huy,
plutôt qu'ailleurs : « ... *Sine aliqua lesione urbem (Leodium) introie-*
» *runt* (c'est-à-dire Frédéric et ses partisans), *et exclusum Alexandrum*
» *et Hoio castello obsidione ejectum cotidie patiebantur hostem gravis-*
» *simum.* » Quel est ce siège de Huy, qui aurait eu lieu avant toute
ouverture d'hostilités, alors qu'en réalité il termine la campagne et consacre la défaite d'Alexandre ? L'auteur de la *Vita Frederici* nous dit
bien, chap. VI : « Ipse nihilominus Alexander pace turbata castellum
» occupat Hoiense. » Mais le biographe qui ne s'occupe que de son
évêque, ignore ou paraît ignorer qu'il y eut une véritable campagne
militaire précédant le siège de Huy. Il ne dit pas un mot de la retraite
d'Alexandre à Saint-Trond, ni des opérations militaires en Hesbaye. Au
surplus, le contexte n'indique pas qu'il faille placer cette occupation de
Huy plutôt au début qu'à la fin de la lutte. Il y a évidemment, dans le
texte des *Gesta*, une phrase tombée entre « exclusum Alexandrum » et
« Hoio... ejectum, » ou une confusion de termes, car le passage, tel que
nous le possédons, est incompréhensible. Au reste le texte des *Gesta*
présente, ailleurs encore, des obscurités de ce genre, indices certains
d'un texte altéré.

(2) Voy. l'ouvrage récent de M. Ul. Robert, *Histoire de Calixte II*,
pp. 67 et suiv.

(3) *Gesta abbatum Trudonensium*, liv. XI, chap. IV ; Giesebrecht,
Geschichte der deutschen Kaiserzeit, t. III, p 891 ; Ul. Robert, *op. cit.*

(4) *Ordericus Vitalis*, apud Pertz, *Scriptores*, t. XX, p. 70 : *Hessonis
Scholastici relatio de concilio Remensi*, apud Pertz, *Scriptores*, t. XII,

Cette fois, le retour de France se fit sans encombres, et le nouvel évêque put se rendre, selon une antique coutume, nu-pieds de Reims à Liége (1). Une grande partie de la population se porta à sa rencontre, le clergé le reçut en grande pompe et le peuple put laisser libre cours à sa joie.

Cette joie, hélas! ne devait pas être de longue durée, car bientôt l'évêché redevint le théâtre d'une nouvelle guerre civile (2).

Les deux partis s'organisèrent rapidement, et la principauté entière se trouva partagée en « Alexan- » drins » et en « Frédérins (3). » Les chefs des premiers étaient, outre Alexandre (4), Godefroid de Louvain, Gislebert comte de Duras (5), Lambert de

p. 426; *Vita Frederici,* chap. V; Labbe et Cossart, *Concilia,* t. X, pp. 865 et 874; Pistorius, *Rerum Germanicarum veteres Scriptores,* t. III; Fleury, *Histoire ecclésiastique,* t. XIV, liv. LXVII, p. 281; Jaffé, *Bibliotheca Rerum Germanicarum,* t. V, p. 361; Migne, *Patrologie latine,* t. CLXIII, p. 1086; *Monumenta Germaniae Historica:* diverses chroniques contemporaines dans les *Scriptores,* t. IV, p. 22; t. X, p. 505; t. XVI, p. 30. Cf. Ul. Robert, *op. cit.,* p. 76.

(1) « Ita consecratus Leodium *nudis plantis* repatriavit. » *Vita,* chap. V.

(2) Fisen et Bouille prétendent que l'évêque, avant d'entrer en lutte avec Alexandre, épuisa tous les moyens de conciliation. Il aurait, selon eux, employé d'abord la douceur, puis usé de menaces. Ensuite, selon Bouille, il lança l'excommunication contre son adversaire; selon Fisen, il se fit de plus aider de l'approbation du métropolitain et même de celle du pape. (Voy. liv. IX, p. 222). Rien de tout cela n'apparaît dans les sources. Dans l'ouvrage précité de M. Ul. Robert, on ne trouve non plus rien de semblable.

(3) *Gesta abbatum Trudonensium,* chap. IV.

(4) *Vita metrica,* vers 42 à 46 : « Nam Symonem (c'est-à-dire » Alexandre) defensabant vera monstra deorum. Virtus plura potest » in nostro tempore quorum. *Albinus* sane fuerat cum *fratre Rufino.* » Largus uterque satis et munere fretus equino. » Ce texte est fort énigmatique. Que signifient ces « nova monstra »? Et ces deux frères, Albinus et Rufinus, allusion à deux personnages, l'un blond (albus) et l'autre roux (rufus)? Aucun des textes relatifs à Frédéric n'éclaircit ce point. S'agirait-il de deux de ces seigneurs qui prêtèrent leur appui à Alexandre? On ne sait.

(5) Gislebert de Duras (1085-1136), fils d'Othon de Looz et d'Ode de Duras, marié à Gertrude, fille de Conon de Clermont, puis à Oda de Chiny.

Montaigu (1), Wiger avoué de Hesbaye, aidés de la plupart des nobles de cette dernière contrée et du Brabant, à l'exception toutefois d'Arnulph de Looz (2), qui sut rester neutre dans la lutte.

Leurs adversaires avaient à leur tête le frère de l'évêque, Godefroid de Namur, Goswin de Fauquemont et Waléran de Limbourg (3). En outre, notre prélat était soutenu par la cité de Liége, par tous les abbés épiscopaux, par les mieux réputés d'entre les archidiacres, par la majorité du clergé (4).

Ce clergé, expiant sa fidélité à l'évêque légitime, devint, dès l'ouverture des hostilités, l'objet des attaques et des vexations de la part des « Alexandrins. » Le continuateur anonyme de Rodulphe, abbé de Saint-Trond, un témoin oculaire (5), nous a dépeint d'une façon aussi sobre que saisissante la situation faite aux clercs et aux moines. On réduisit ceux-ci à un état de dénûment complet ; on s'attaquait à tout, sans rien respecter.

L'abbaye de Saint-Trond, restée fidèle à l'évêque, excitait surtout la colère et la haine des partisans d'Alexandre. Mais, comme ceux-ci n'osaient s'attaquer directement aux religieux, le duc de Louvain se chargea de piller et de ravager les terres et les églises dépendant du monastère.

L'abbé Rodulphe, qui avait rompu toute relation avec l'excommunié et ses alliés, ne se crut plus en sûreté et, pour éviter de plus grands malheurs à ses

(1) Fils de Conon de Montaigu, un de ceux qui se coalisèrent contre Henri de Limbourg. Cf. C. G. Roland, *les Seigneurs et Comtes de Rochefort*, dans les *Annales de la Société archéologique de Namur*, t. XX et XXI.

(2) Cité dans de nombreuses chartes depuis 1082, et mort en 1126.

(3) Waleran II, dit le Payen (1119-1139). Voy. Ernst, *Histoire du Limbourg*, t. III, pp. 1-83.

(4) *Gesta abbatum Trudonensium*, chap. IV et V ; *Cartulaire de Sainte-Croix*, fol. 7.

(5) « Sic vidimus, sic audivimus, sic scribimus. » Chap. IV, *in fine*.

religieux, il quitta le monastère (13 avril 1121), et partit pour la Flandre où il séjourna jusqu'à la mort de Frédéric (1).

Les violences commises appelaient une prompte répression. L'armée du comte de Namur se mit en mouvement, et la lutte se trouva ainsi entamée ouvertement.

On ne connaît guère le détail des opérations militaires. Mais en examinant de près les relations contemporaines, on peut cependant se rendre un compte assez exact de la marche générale de la campagne.

Alexandre s'était vu obligé d'abandonner les places qu'il occupait, et de se cantonner dans la ville de Saint-Trond, dont la population ne lui était pas hostile (2). Cependant il quitta cette ville on ne sait pour quelle cause, et, si nous ajoutons foi à l'annaliste de Rolduc, un contemporain qui paraît bien informé des événements, il essaya de faire manœuvrer une armée contre celle de ses adversaires. Mais, sans doute, il eut affaire à un ennemi meilleur stratégiste que lui (3), car il se vit contraint de se rabattre sur Huy, où les troupes de Frédéric l'assiégèrent bientôt lui-même (4).

Les habitants qui n'aimaient point l'intrus, ouvrirent les portes à ses ennemis et, dès lors, Alexandre fut étroitement bloqué dans la citadelle.

Ses alliés coururent à son secours. Godefroid de Louvain, parti du Brabant et parvenu devant Huy, sur la rive gauche de la Meuse, fut repoussé avec pertes dans l'essai qu'il fit de franchir le fleuve. Aussi ne put-il qu'assister de loin, en acteur inutile de la lutte, à la défaite du comte Lambert de Montaigu. Celui-ci, à

---

(1) *Gesta abbatum Trudonensium*, chap. VII et XII.

(2) *Gesta abbatum Trudonensium*. « Nostro oppido frequenter se » recipiebat. » — *Annales Rodenses,* apud Pertz, *Scriptores*, t. XVI, pp. 699 et suiv. — Jean d'Outremeuse, *Chronique*, t. IV, p. 325.

(3) Jean d'Outremeuse, *loc. cit.* « Et Alexandre vat à Huy cheval- » chier, car Ligois lui ont tollut Saint-Tron, et lui ont la ville arsés. »

(4) *Annales Rodenses,* et Jean d'Outremeuse, *loc. cit.*

la tête d'un important corps de troupes, s'était avancé par un défilé qui, aboutissant au château-fort, prenait les assiégeants à revers. Cette action était combinée avec une attaque que devait diriger, sur la rive gauche, le Barbu. Mais Godefroid de Namur déjoua cette manœuvre. Apercevant le chef ennemi, il dirige sur lui ses traits ; il le blesse dangereusement, et s'empare même de sa personne, pendant que les troupes de Montaigu, « comme frappées d'une terreur divine, lâchent pied, » et cherchent leur salut dans une fuite honteuse. »

La position d'Alexandre devenait désespérée, et le château de Huy ne pouvait plus tenir longtemps. Aussi cédant à la nécessité (1), il entama des pourparlers et rendit la citadelle à Frédéric. Il dut faire amende honorable, et renoncer pour toujours à toutes ses prétentions à l'évêché de Liége. A cette seule condition il obtint, quelques jours après, à Liége, d'être relevé des censures qu'il avait encourues.

C'est de la sorte que l'ambitieux Alexandre fut contraint au repos bien malgré lui (2).

La concorde, toutefois, ne devait guère longtemps durer entre lui et son heureux adversaire. Trop de rancune et de dépit d'avoir été mal servi par la destinée et obligé de se soumettre humblement à son rival (3) devaient s'amasser au fond de l'âme fière et ambitieuse d'Alexandre pour qu'il pût si facilement oublier le passé.

---

(1) L'auteur des *Gesta abbatum Trudonensium*, chap. IX, nous dit qu'Alexandre avait été surtout décidé « ex verbis papae Calixti qui ca » mandaverat quia clauderet ei januam vitae aeternae, nisi cessaret. » Ce fait, s'il est vrai, ne se trouve confirmé nulle part ailleurs. D'un autre côté Fisen et Bouille, et d'autres encore prétendent, sans dire d'où ils tiennent ce détail, que la révolte s'était mise parmi les assiégés, ce qui aurait déterminé Alexandre à demander la paix.

(2) « Alexander domi sedens *ad tempus invitus* siluit. » *Gesta*, chap. IX et XII.

(3) « Sic est ab eo dimissus, unde nunquam habitus est inter eos » concordiae affectus. » *Annales Rodenses*.

Cependant le duc Godefroid qui n'avait en rien participé à l'accord intervenu à Huy, voulut venger l'échec de son allié. Il alla ravager les campagnes du pays de Namur et de Liége. Ramassant des troupes partout, il voulait marcher sur la cité épiscopale. Mais il ne put réaliser son projet, et il se vit battu à plusieurs reprises par les troupes du comte de Namur et du prince-évêque (1).

Ainsi se termina cette guerre, un des épisodes de la lutte engagée dans tout l'Occident entre le sacerdoce et l'empire, et dont les péripéties étaient suivies avec attention par les prélats des contrées voisines (2). Notre saint évêque allait enfin pouvoir désormais régner en paix, et répandre sur tous l'influence de ses précieuses qualités.

Mais, ici encore, nous manquons de renseignements et nous ne pouvons dire vers quels objets s'est alors dirigée son activité, quels furent les actes émanés de son autorité (3).

Déjà, pour l'année 1119, nous ne voyons guère, en dehors de la lutte contre Alexandre, son nom attaché qu'à deux faits. Il consacre abbé de Rolduc, Richer (4). D'autre part il entre en rapport avec le chapitre de Malines à propos d'un curieux incident dont Bouille est le seul à nous donner le détail (5). « On voit, » dit-il, « une savante lettre de l'évêque Frédéric à l'église » de Malines au sujet de son prévôt qui, étant tombé » entre les mains des voleurs, n'en était sorti qu'aux

(1) *Vita Frederici*, chap. VI ; *Vita metrica*, vers 76-78.

(2) Voir une lettre adressée à l'archevêque de Cologne par Godebald, évêque d'Utrecht, publiée à l'état fragmentaire, dans l'*Amplissima collectio*, t. I, p. 642.

(3) « Le court règne de Frédéric ne nous fournit que peu de faits, et » dont la nature ne souffrit point de liaisons avec le léger tissu de sa » vie » (!) Delvaux, ms. cité, t. II, p. 533.

(4) Voir plus haut, p. 234, note 1.

(5) Bouille, *Histoire de la ville et de la principauté de Liége*, t. I, pp. 140-141.

» conditions, confirmées par serment, de leur consigner
» une somme d'argent et de se reproduire en personne
» par devant eux au temps marqué, lequel était proche,
» et le chanoine sur le point de partir. L'église de
» Liége s'étant assemblée, il fut résolu d'écrire à
» l'évêque absent, de défendre au prévôt, sous peine
» de désobéissance, de ne donner aucun argent, ni de
» retourner vers ces gens-là; de l'absoudre du serment
» que la violence lui avait arraché, et de l'arrêter, s'il
» persistait à vouloir tenir sa parole. Enfin l'évêque
» voulant sauver de représailles le prévôt que quelques-
» uns accusaient de parjure, il écrivit cette lettre à
» l'église de Malines, dans laquelle il montre par des
» fortes raisons et des faits avérés que l'on n'est nulle-
» ment tenu de garder la parole qu'on a donnée à ces
» sortes de gens. Il cite des exemples tirés des derniers
» temps, il allègue des témoignages tirés d'Euripide
» et de Cicéron (1); ce n'est point un parjure de ne
» pas accomplir une promesse faite à des voleurs par
» force, quoiqu'accompagnée de serment (2). »

L'année 1120 avait été consacrée en grande partie
à la campagne contre Alexandre et Godefroid de Louvain. Elle ne nous fournit aucun autre fait qui puisse
jeter quelque lumière sur l'histoire intérieure de la
principauté, ou faire constater la participation de Frédéric à telle ou telle affaire importante (3). Comme son

---

(1) « Ce qui montre, » ajoute sentencieusement un auteur, « que les
» évêques du xII^e siècle connaissaient assez bien les auteurs grecs et
» latins! » Pollet, *Histoire ecclésiastique de l'ancien diocèse de Liége*,
t. I, p. 275.

(2) La lettre est publiée dans l'*Amplissima collectio*, t. I, p. 653, et
renseignée dans Wauters, *Table chronologique*, t. II, p. 101. Elle ne
porte pas de date. Elle ne peut avoir été rédigée que pendant les années
1119-1120.

(3) Il résulte d'une charte émanée de l'archevêque de Cologne, en
l'année 1120, que Frédéric fit un séjour en Allemagne à cette date,
puisqu'il signa le document en qualité de témoin. Cependant aucun
texte ne fait allusion à pareil voyage; et nous ne saurions dire quel en
fut le but.

biographe, aussitôt après avoir relaté la capitulation de Huy, et montré les vains efforts de Godefroid de Louvain pour continuer la campagne, passe directement à l'histoire des derniers moments de la carrière du prélat, de son martyre et de sa mort, on pourrait croire d'après cela qu'il ne s'est écoulé aucun temps ou qu'un temps très restreint entre la soumission d'Alexandre, d'une part, et le décès de Frédéric.

Cela ne nous paraît pas facile à admettre.

Frédéric, on le sait, a été consacré à Reims, en octoble 1119. Sa mort se place le 27 mai 1121, un an et demi après. Les hostilités n'ont commencé qu'après le retour de l'élu à Liége (fin octobre 1119), soit avant l'année écoulée, soit aussitôt après l'hiver (1). Il faudrait d'après cela croire que la campagne aurait duré à tout le moins pendant le cours entier de l'année 1120, ce qui est peu probable, et n'apparaît point dans les documents contemporains (2). La guerre, au contraire, semble avoir été vivement menée. Il resterait donc un assez long intervalle entre la conclusion de la paix et le martyre du vénérable prélat, intervalle que ne vient remplir aucun fait politique connu.

Quoiqu'il en soit, le successeur d'Otbert ne devait pas longtemps jouir du pouvoir qu'il avait eu tant de peine à conquérir.

---

(1) On sait qu'au moyen âge la guerre était ordinairement suspendue pendant la mauvaise saison.

(2) Nous ne savons malheureusement pas la date de la reddition de Huy, ce qui fixerait le point en question. On ne peut guère alléguer que le témoignage de Foullon, qui dit : « haec *ferme* annum vicesimum » tenuere. » M. Daris *(op. cit.)*, place aussi la capitulation de Huy en l'année 1120, parce que, pense-t-il, les dates du 26 octobre 1119 (sacre de Frédéric) et 27 mai 1121 (sa mort) ne permettent pas de supposer que la guerre ait eu lieu en l'une ou l'autre de ces années, surtout que pendant l'hiver les hostilités subissaient toujours un temps d'arrêt. On ne peut donc placer celles-ci que dans le cours de l'année 1120. Mélart, l'historien de Huy, ne donne aucune indication à ce sujet. Il ne cite pas même l'année où se déroulèrent les événements qui marquèrent le court règne de Frédéric de Namur.

La lutte, terminée sur les champs de bataille, bientôt recommence sous un autre aspect. Elle se concentre dans la cité épiscopale, et ce qu'on n'a pu réaliser par les armes, on va tâcher de l'obtenir par des moyens lents et cachés (1). Cette nouvelle attitude du parti « Alexandrin » ne doit pas étonner. Le seul qui eût obtenu son pardon était cet Alexandre dont les actes nous ont déjà fait assez connaître le caractère. Ce n'est certes pas un tel homme qui pouvait voir avec satisfaction régner un adversaire à qui allaient toutes les sympathies (2). D'autre part, comme nous l'apprend le continuateur de la *Chronique de Saint-Trond,* à aucun des seigneurs qui soutinrent Alexandre n'avaient été accordés les bénéfices de l'absolution dont profitait seul Alexandre de Juliers. Il devait donc subsister des causes de haine et d'envie, ainsi que les éléments d'un parti peu bienveillant pour le prince-évêque (3).

Cependant celui-ci « ami de la paix et de la con- » corde » continuait à entretenir des rapports avec ses adversaires, et à les fréquenter, en bon prélat qu'il était (4). Cette conduite prudente et charitable à la fois, ne devait pourtant pas lui ramener les cœurs de ses ennemis. Si l'on en croit son biographe, il aurait été en butte à certaines méfiances, et se serait vu entouré

(1) *Vita Frederici,* chap. VII. Pour ce qui va suivre, voy. chap. VII-XI.

(2) A peine Frédéric eût-il rendu le dernier soupir, qu'Alexandre travailla à son élection, bien qu'il eût promis solennellement, lors de la capitulation de Huy, de ne plus jamais rechercher ni même d'accepter la dignité d'évêque. *Gesta abbatum Trudonensium,* chap. IX et XII ; *Annales Rodenses.* De plus, il est derechef appuyé par le duc de Louvain, grâce à l'appui duquel il enleva l'élection. Celle-ci fut cassée, et Alexandre promit une seconde fois, à Cologne, fidélité et obéissance, et dut se désister de ses nouvelles prétentions. Que penser d'un personnage aussi peu scrupuleux ? Peut-on facilement croire à la sincérité de la réconciliation chez celui qui faisait si peu de cas des promesses et des serments ?

(3) « Les amis d'Alexandre remuaient pour lui. » Delvaux. ms. cité, t. II, p. 525.

(4) *Gesta abbatum Trudonensium,* chap. XI.

de faux amis qui, sans oser le déclarer, favorisaient les projets d'Alexandre. Enfin, premier acte du drame qui va se jouer, on l'engage à se démettre de ses fonctions. Naturellement l'évêque, dont on voulait le départ, répondit qu'il n'avait aucune raison d'abandonner des dignités auxquelles Dieu l'avait appelé, et qu'il continuerait à servir les intérêts de l'Eglise et de ses fidèles.

Mais à quelque temps de là il tomba subitement malade, et l'on ne fut pas longtemps sans reconnaître des signes certains d'un empoisonnement (1).

Malgré l'audace et la scélératesse que supposait un pareil attentat, celui-ci ne fait l'objet d'aucun doute pour les deux biographes de Frédéric, contemporains et amis de ce dernier. L'un, celui qui écrit en prose, nous donne des détails précis, où l'on a la preuve que la mort du prince-évêque a été provoquée par ses adversaires, et fut le fruit de projets habilement combinés, mais dont les véritables auteurs restaient dans l'ombre.

La guerre avait mal tourné, et il avait fallu accepter la paix. La tentative faite pour persuader l'évêque d'abandonner spontanément ses fonctions échoua d'autre part. Aussi se décide-t-on à user de moyens extrêmes, à recourir au crime. Un des échansons, ayant été acheté grâce à des présents, se chargea de présenter à son maître une coupe remplie d'un breuvage empoisonné (2). L'évêque prit le breuvage, ne se doutant pas dans son « honnête simplicité » qu'un simple geste allait lui ravir la vie, et il vide la coupe. Les premières atteintes du mal se font bientôt sentir, mais sans recouvrir un caractère de haute gravité. Un

(1) Pour les détails, voir *Vita Frederici,* chap. VII et VIII ; *Vita metrica Sancti Frederici,* vers 99-113 ; *Annales Rodenses,* ad annum 1121.

(2) *Vita Frederici :* « Muneribus siquidem nescio quo pincernarum » ejus corrupto, vevenum poculo ipsius clam miscuerunt. » *Vita metrica,* vers 88-90. « Porro *Symon* (sc. Alexander), laxis irae dum fervet » habenis cetera frustatus innititur arte venenis, corrumpitque virum » hac sibi parte caventem, etc. »

second breuvage, administré dans les mêmes conditions, vient aggraver la maladie (1), et alors commence
le martyre du saint évêque. Les signes extérieurs de
l'empoisonnement deviennent terribles à voir (2) et les
souffrances intolérables. Cependant, impatients sans
doute de voir la maladie durer plus longtemps qu'ils
ne s'y attendaient, ce qui pouvait surexciter l'opinion
publique, et, en détruisant leurs calculs, faire découvrir
les coupables, les gens d'Alexandre font servir à
l'évêque, une troisième fois, une coupe empoisonnée
(récit de la *Vita*). Les souffrances, alors, sont horribles,
et le corps de l'agonisant présente un aspect affreux (3).
La mort est proche. Le prélat, qu'entourent les clercs
et les amis, se fait recouvrir d'un cilice, puis alors commence une scène émouvante. Il déplore amèrement
tous les péchés dont il a pu se rendre coupable, et il
supplie tous les fidèles à qui il a pu causer quelque tort
de le lui pardonner. Faisant appeler l'abbé de Saint-
Jacques, Olbert, il lui donne le pouvoir d'absoudre et
de relever de l'excommunion ceux contre qui il s'était
vu obligé de prendre cette mesure, c'est-à-dire les partisans d'Alexandre de Juliers, et d'accorder le pardon
de leurs fautes à ceux que toucherait le repentir.

Ces pieuses recommandations étaient à peine ter-
minées que Frédéric rendit l'âme, quittant une vie
que la malignité humaine lui avait fait terminer d'une
manière si injustement et si cruellement hâtive. C'était

(1) Cette seconde tentative ainsi que la troisième nous paraissent fort
sujettes à caution. Car il faudrait admettre que ceux qui entouraient
l'évêque ont fait preuve ou d'un manque absolu de vigilance ou d'une
ignorance complète des remèdes à employer. Ou bien encore ils auraient
été bien peu méfiants à l'égard des multiples ennemis du prélat, ce qui
est aussi difficile à croire. Dans le récit de l'auteur de la *Vita*, il faut
plutôt voir une tendance, assez naturelle, à vouloir attirer la pitié sur
l'évêque-martyr.

(2) « Un de ses yeux tomba de l'orbite, » dit la *Vita.* « Emerserunt
» oculi ejus de loco suo » disent les *Annales Rodenses*.

(3) *Vita Frederici,* chap. VIII; *Vita metrica,* vers 102-109; *Annales
Rodenses*.

le 27 mai 1121 (1), dix-huit mois après sa consécration à Reims, un peu plus de deux ans après son élection à Cologne.

La nouvelle de la mort de Frédéric se répandit vite dans la cité, y semant partout le deuil et la tristesse. Mais en même temps la maladie si étrange de l'évêque et les signes non équivoques d'un empoisonnement n'avaient pas été sans éveiller des soupçons, et ces soupçons ne tardèrent pas à se porter sur les vrais coupables et sur celui qui était toujours resté irréconciliable, Alexandre. C'est lui surtout qui était suspect, c'est lui que beaucoup alors accusaient en silence d'avoir imaginé le crime (2).

Ce pressentiment public, que nous laisse clairement apercevoir un contemporain, témoin calme et impartial des événements, paraît bien fondé. Le poème entier, écrit en l'honneur de Frédéric quelques années après la mort d'Alexandre (3) n'est, sans que ce puisse être l'effet du hasard ou le résultat d'une invention, qu'une accusation directe, sous une forme dramatisée, contre ce dernier, appelé Symon, et contre ses partisans. Or, cela ne s'expliquerait guère, si l'auteur n'avait connu le fond des choses. D'autre part, le passé d'Alexandre et la conduite qu'il va tenir (4) donnent le

---

(1) *Vita Frederici*, chap. VIII : « 6 kal. junii; » *Epitaphium Sancti Frederici*, apud Dümmler et Kurth : «quinto mai ante kalendas »; *Vita metrica*, vers 14; *Annales Rodenses;* Gilles d'Orval : « 2 kal. julii » (ce qui est une double erreur) ; *Annales Sancti Jacobi*, apud Pertz, t. XVI, et *Lamberti Parvi Annales* « 5 kal. junii feria sexta » (fautif); *Gesta abbatum Trudonensium*, liv. XI, chap. XII. La *Vita*, par une erreur qu'on ne s'explique guère, après avoir dit au chap. VIII que Frédéric était mort le 6 des calendes de juin, c'est-à-dire un vendredi, dit au chap. X qu'il est décédé « anno 1122 ab incarnatione Domini, » indictione decima quarta. » Or le vendredi ne convient qu'à l'année 1121. Voir la remarque de Ernst, *Histoire du Limbourg*, t. II, p. 12.

(2) *Annales Rodenses*, anno 1121.

(3) C'est la *Vita metrica*, composée dans le second quart du xiie siècle. *Analecta Bollandiana*, t. II (1883), éd. Kurth.

(4) Voir ce qui a été dit déjà à ce sujet, p. 247, note 2.

droit de supposer qu'il était le point de départ de toutes les intrigues, qu'il dirigeait les coups portés à son adversaire : ses desseins ambitieux, son absence de scrupules, la haine mêlée de rancune qu'il devait vouer à Frédéric depuis sa soumission forcée à Huy (1), suffiraient à justifier des soupçons nés au lendemain même de la mort de saint Frédéric.

A défaut d'un texte décisif, nous ne pouvons cependant libeller une accusation formelle à l'égard d'Alexandre, si peu sympathique soit-il. Mais on peut dire que tout porte à voir en lui le vrai coupable. Ce qui nous engage, bien davantage encore, à le croire, c'est cette précieuse déclaration de l'auteur de la *Vita* (chap. IX) : « *plus de vita sancti hujus explanare super-* » *sedemus propter scylleos canes, quorum nonnulli qui* » *illum (sc. Fredericum) oderant adhuc vivunt.* » On craint donc de dire la vérité tant que le parti d'Alexandre est à redouter !

Ce qui est certain, par contre, c'est qu'il y a eu empoisonnement. Sur ce point les témoignages contemporains sont d'accord et contre eux ne peut prévaloir le silence de l'auteur de la *Chronique de Saint-Trond*, occupé à relater uniquement les faits intéressant seulement son abbaye.

Sur la pierre qui recouvrait le corps du vénéré prélat, on grava en lettres d'or une inscription où les fidèles jusqu'en 1183, date de l'incendie de la Cathédrale, purent lire ces mots :

> Sed *despecta malis* electio pontificalis
> Plus fuit errori quam nominis hujus honori.
> Inde furens *symonia* ruens in jus alienum,
> *Bella* suis dedit, *arma* suis, tibi, sancte, *venenum* (2).

---

(1) Se rappeler le « invitus » des *Gesta abbatum Trudonensium*.

(2) Cette épitaphe a été reproduite par Gilles d'Orval, par Henschenius, *Acta Sanctorum*, t. VI, mai, p. 725 (avec une variante), par Jean d'Outremeuse (éd. Bormans, t. IV, p. 329), par Dümmler, d'après

Le fait d'empoisonnement, ainsi rendu public dès les premiers temps qui suivirent la mort de Frédéric, doit être considéré comme pleinement avéré. Il n'a du reste jamais été controuvé, et on le voit consigné chez tous les historiens qui, depuis cette époque, se sont occupés de ce règne.

L'évêque défunt reçut tous les honneurs que méritait son rang dans la hiérarchie ecclésiastique. Sa dépouille mortelle fut transportée pour y être exposée d'abord à la dévotion publique, et ensuite inhumée, à l'église cathédrale de Saint-Lambert, devant l'oratoire de la grande chapelle, en face de la croix du Christ (1).

C'est là que les fidèles allèrent prier, c'est là aussi que, selon la tradition populaire pieusement recueillie par les chroniqueurs du temps, sa vertu d'outre-tombe se serait signalée par de nombreux miracles (2), comme si, après la mort, voulait se perpétuer le souvenir d'une carrière malheureusement trop tôt brisée !

un codex de la bibliothèque de Mons, dans le *Neues Archiv*, t. II, p. 6o3. Elle forme enfin les quatorze premiers vers de la *Vita metrica Sancti Frederici*, avec des variantes assez nombreuses à la fin. Elle est reproduite aussi, d'après Gilles d'Orval, dans Delvaux, ms. cité, t. II, p. 53r.

(1) *Annales Rodenses; Vita Frederici*, chap. IX.

(2) *Vita*, chap. X; *Vita metrica*, vers 125 et suiv.; *Annales Rodenses; Annales Lamberti continuatio*, apud Pertz, *Scriptores*, t. IV; Gilles d'Orval. Aucun culte public ne fut cependant rendu à saint Frédéric au diocèse de Liége (V. Daris, *Histoire*, p. 472).

REGESTES DE SAINT FRÉDÉRIC

ÉVÊQUE DE LIÉGE

(1119-1121)

1. *1095. — Liége.*

Frédéric signe, comme prévôt, un acte par lequel l'évêque Otbert donne à l'église Sainte-Croix à Liége quelques terres situées en Campine.

> Original perdu. Copie dans le *Cartulaire de Sainte-Croix*, fol. 146 v°, manuscrit sur vélin, du XIVᶜ siècle, aux archives de l'Etat, à Liége.

· 2. *1096, 14 juin. — Liége.*

Frédéric, grand prévôt de l'église cathédrale de Saint-Lambert, signe avec dix-sept autres chanoines l'acte par lequel Otbert achète à Baudouin, comte de Hainaut, la terre et le château de Couvin avec toutes leurs dépendances, en faveur de l'église Saint-Lambert.

> Original perdu. Copie dans le *Liber chartarum Ecclesiae leodiensis* (XIIIᶜ siècle), n° 32, fol. 82, aux archives de l'Etat, à Liége.
>
> Chapeaville, *Gesta pontificum Leodiensium*, t. II, pp. 52-53 (d'après le *Liber chartarum*). = *Recueil des historiens de France,* t. XIII,

p. 608. — Miraeus, *Donationes Belgicae*, p. 72
(sans indication de source). = Miraeus, *Notitia
ecclesiarum Belgii*, p. 264 (résumé du précé-
dent). = Miraeus et Foppens, *Opera diplomatica*, t. I, pp. 364-365. = J. Dumont, *Corps de
diplomatique*, t. I, 1re partie, p. 59. — Vredius,
Genealogia comitum Flandriae, t. I, probationes, p. 19 (fragments, d'après les archives de
la cathédrale). — Lünig, *Spicilegium ecclesiasticum*, t. II, p. 497 (sans indication de source).
— Martène et Durand, *Amplissima collectio*,
t. III, instrumenta, col. 152 (sans indication
de source). — Bormans, *Cartulaire de la com-
mune de Couvin*, pp. 1-5 (d'après le *Liber
chartarum*). — Bormans et Schoolmeesters,
Cartulaire de Saint-Lambert, t. I, pp. 46-48,
n° 23.

Analyses : Hinnisdael, *Libri chartarum
Ecclesiae leodiensis*, fol. 10, n° 32, Manuscrit
n° 832 de la Bibliothèque de l'Université, à
Liége. — de Theux, *Histoire du chapitre de
Saint-Lambert*, t. II, p. 357. — Wauters, *Table
chronologique des chartes et diplômes imprimés
concernant l'histoire de la Belgique*, t. I, p. 589
et t. VII, p. 175.

3. *1100, 10 mars (n. st.). — Liége.*

Frédéric signe en qualité de prévôt et
d'archidiacre un acte d'Otbert mettant fin à
un conflit qui avait surgi entre les chapitres
de Saint-Martin et de Sainte-Croix au sujet
de la dîme d'Ouffet.

Original perdu. Copie dans la *Fundatio
collegiatae Sancti Martini*, fol. 45, manuscrit
appartenant à l'église Saint-Martin à Liége. —
Autre copie dans Langius, *Collectio diplomatum*, fol. 22, manuscrit appartenant à M. X. de
Theux.

*Analectes pour servir à l'histoire ecclésias-
tique de la Belgique*, t. XVII, p. 72 (d'après la
Fundatio).

Analyse : de Theux, *Histoire du chapitre de Saint-Lambert*, t. II, p. 357 (d'après Langius).

4. *1101. — Liége.*

Frédéric, agissant en sa qualité de prévôt de Saint-Lambert, donne à Gislebert, seigneur de Reckheim, et à sa femme Ava, cinq bonniers de terre situés à Lantin.

Original perdu. Copie dans le *Cartulaire de l'abbaye de Beaurepart,* fol. 52, au Séminaire épiscopal, à Liége.

Bulletin de l'Institut archéologique liégeois, t. IX, p. 331 (reproduction non intégrale).

Analyse : Wauters, *Table chronologique,* t. VII, p. 194.

5. *1107, décembre. — Liége.*

Frédéric, prévôt, signe un bref d'Otbert, par lequel celui-ci reconnaît les privilèges et les immunités du chapitre d'Andenne.

Original sur parchemin dans le *Chartrier du chapitre noble de Sainte-Begge, à Andenne,* aux archives de l'Etat, à Namur.

Misson, *Le chapitre noble de Sainte-Begge,* p. 288 (2ᵉ édition, 1889).

6. *1107, 23 décembre. — Liége.*

Frédéric, prévôt, contresigne le diplôme de Henri V, roi des Romains, confirmant les immunités dont jouissaient les personnes et les biens ecclésiastiques à Liége.

Original perdu. Copie dans le *Liber chartarum Ecclesiae Leodiensis,* nᵒ 5, fol. 68, aux archives de l'Etat, à Liége. — Autre copie dans le *Cartulaire de Sainte-Croix,* fol. 351, aux archives de l'Etat, à Liége. — Autre copie dans le *Cartulaire* dit *de Saint-Pierre à Liége* (Cartulaire du clergé secondaire), fol. 8, n° 21, vol. in-4° de 121 feuillets velin, du XIVᵉ siècle, appartenant à M. X. de Theux.

Chapeaville, *Gesta pontificum Leodiensium,* t. II, p. 54 (d'après le *Liber chartarum).* = Lünig, *Spicilegium ecclesiasticum,* t. II, p. 498. = Raikem et Polain, *Coutumes du pays de Liége,* t. I, pp. 353-355. = Bormans, *Recueil des ordonnances de la principauté de Liége,* 1ʳᵉ série, t. I, pp. 12 à 14 (d'après le *Liber chartarum).* — Bormans et Schoolmeesters, *Cartulaire de Saint-Lambert,* t. I, pp. 48-5o, n° 3o.

Analyses : Hinnisdael, *Libri chartarum Ecclesiae Leodiensis,* fol. 2, n° 5, Manuscrit n° 832, à la Bibliothèque de l'Université, à Liége. — *Bulletin de la Commission royale d'histoire,* 3ᵉ série, t. XIV, p. 3i9 (d'après le *Cartulaire* dit *de Saint-Pierre).* — Wauters, *Table chronologique,* t. II, p. 34 et t. VII, p. 197.

7. *1107. — Liége* (?).

Frédéric signe un acte en vertu duquel Otbert défend, sous peine d'anathème, de porter atteinte au privilège octroyé en 1101 à l'église Saint-Adalbert.

Original sur parchemin aux archives de l'Etat, à Liége, *Chartes de Saint-Jean.* — Copie dans un *Cartulaire de Saint-Jean,* fol. 1 recto, vol. sur papier, du XVIᵉ siècle, aux archives de l'Etat, à Liége, reg. n° 2557 (archives du clergé). — Autre copie dans un second *Cartulaire,* fol. 1 recto, vol. sur papier, du XVIᵉ siècle, aux archives de l'Etat, à Liége, reg. n° 2556.

8. *1109, 22 février (n. st.). — Liége.*

Frédéric, comme faisant partie du chapitre de Saint-Lambert, approuve la confirmation des statuts relatifs aux chanoines de Saint-Lambert mourant *ab intestat.*

Original perdu. Copie dans le *Liber charta-rum Ecclesiae Leodiensis*, fol. 95, n° 57, aux archives de l'Etat, à Liége. — Autre copie dans le *Cartulaire de Sainte-Croix*, fol. 381 v°, aux archives de l'Etat, à Liége. — Autre copie dans Vanden Bergh, *Manuscrit n° 833*, fol. 174, à la Bibliothèque de l'Université, à Liége.

Martène et Durand, *Amplissima collectio*, t. I, col. 623 (d'après un manuscrit ayant appartenu à Louvrex). — Bormans, *Recueil des ordonnances de la principauté de Liége*, 1re série, t. I, pp. 14-15 (d'après le *Liber charta-rum*). — Bormans et Schoolmeesters, *Cartu-laire de Saint-Lambert*, t. I, p. 51, n° 31.

Analyses : Hinnisdael, *Libri chartarum Ec-clesiae Leodiensis*, à la Bibliothèque de l'Uni-versité, à Liége, fol. 18, n° 57. — *Bulletin de la Commission royale d'histoire*, 1re série, t. IX, p. 25. — Wauters, *Table chronologique*, t. II, p. 37.

9. *1111. — Liége.*

Frédéric, comme prévôt et archidiacre, signe en qualité de témoin une charte d'Ot-bert en faveur de l'église Saint-Paul à Liége.

Original sur parchemin dans les *Chartes de Saint-Paul*, aux archives de la cathédrale, à Liége.

Thimister, *Cartulaire de Saint-Paul*, pp. 2-3.

10. *1111 (ou 1112). — Liége.*

Frédéric signe un acte d'Otbert, par lequel est restitué à la collégiale de Sainte-Croix à Liége un bien sis à Waremme.

Original perdu. Copie dans le *Cartulaire de Sainte-Croix*, fol. 191 v°, aux archives de l'Etat, à Liége.

11. *1112.* — *Liége.*

Frédéric prend part comme témoin à un acte d'Otbert, allouant à la collégiale Sainte-Croix à Liége des terres situées à Freren, dans le Limbourg.

> Original perdu. Copie dans le *Cartulaire de Sainte-Croix*, fol. 40, aux archives de l'Etat, à Liége.

12. *1112.* — *Liége.*

Frédéric signe comme témoin un acte d'Otbert qui confirme au couvent de Saint-Jacques à Liége la donation qui lui a été faite de l'église Saint-Léonard à Liége.

> *Original sur parchemin* aux archives de l'Etat, à Liége, *Chartes de Saint-Jacques.* — Copie dans Vanden Berg, *Manuscrit n° 833*, fol. 18, à la Bibliothèque de l'Université, à Liége.
>
> Analyse : *Bulletin de la Commission royale d'histoire*, 1re série, t. IX, p. 26.

13. *1212.* — *Liége.*

Frédéric, prévôt et archidiacre, signe un bref d'Otbert, par lequel celui-ci confirme à l'abbaye de Saint-Laurent à Liége la possession de l'église Saint-Pierre à Incourt (canton de Jodoigne), ressortissant à l'archidiaconé de Frédéric, et lui fait abandon de certains droits.

> Original perdu. Copie dans le *Cartulaire de Saint-Laurent*, liv. I, fol. 7, au Séminaire épiscopal de Liége.
>
> Martène et Durand, *Amplissima collectio*, t. III, col. 1186-1187. = *Gallia Christiana*,

t. III, instrumenta, col. 167-168. — Miraeus et
Foppens, *Opera diplomatica*, t. III, p. 28 (sans
indication de source).

Analyses : Daris, *Notices historiques sur les
églises du diocèse et de la principauté de Liége*,
t. IX, p. 195. — *Bulletin de la Société d'art et
d'histoire du diocèse de Liége*, t. II, p. 215. —
de Theux, *Histoire du chapitre de Saint-Lambert*, t. II, p. 359. — Wauters, *Table chronologique*, t. II, p. 64.

14. *1116. — Liége.*

Frédéric, prévôt, est témoin dans un acte
d'Otbert, accordant aux religieux prémontrés
installés au Mont-Cornillon, près Liége, la
faculté d'y élever un oratoire.

Original perdu. Copie dans le *Cartulaire
de l'abbaye de Beaurepart*, fol. 67, au Séminaire épiscopal, à Liége.

Hugo, *Annales ordinis praemonstratensis*,
t. I, probationes, col. 272. == Miraeus et Foppens, *Opera diplomatica*, t. IV, p. 356. —
Bulletin de l'Institut archéologique liégeois,
t. IX, p. 331 (d'après le *Cartulaire de Beaurepart*).

Analyses : de Theux, *Histoire du chapitre
de Saint-Lambert*, t. II, p. 359. — Wauters,
Table chronologique, t. II, p. 87.

15. *1116. — Liége.*

Frédéric, prévôt de Saint-Lambert à Liége,
à la suite de nombreuses contestations surve-
nues entre le chapitre cathédral et Renier,
avoué de Hesbaye, relativement aux droits
que donnait à ce dernier sa qualité d'avoué
sur les villages de Nordrenge, Hallet et Landen, domaine du dit chapitre, porte cette
affaire devant la cour de l'évêque.

Original perdu. Copie dans le *Liber chartarum Ecclesiae Leodiensis*, n° 7, fol. 69 v°, aux
archives de l'Etat, à Liége. — Autre copie (de
l'an 1364) dans les *Chartes de Saint-Lambert*,
n° 6, aux archives de l'Etat, à Liége.

Analyses : Hinnisdael, *Libri chartarum Ecclesiae Leodiensis*, fol. 3, n° 7, à la Bibliothèque
de l'Université, à Liége. — de Theux, *Histoire
du chapitre de Saint-Lambert*, t. II, pp. 359-360.
— Schoonbroodt, *Inventaire des chartes de
Saint-Lambert*, p. 3.

16. *1117, 14 juillet. —· Liége.*

Frédéric, prévôt, est témoin dans un acte
par lequel une certaine Godeza fait don de
son alleu de Gislermont aux « frères » de
l'église de Saint-Lambert.

Original perdu. Copie dans le *Liber chartarum Ecclesiae Leodiensis*, n° 19, fol. 75 v°, aux
archives de l'Etat, à Liége.

Bormans et Schoolmeesters, *Cartulaire de
l'église Saint-Lambert*, t. I, p. 53.

Analyse : de Theux, *Histoire du chapitre
de Saint-Lambert*, t. II, p. 359.

17. *1118, 30 septembre. — Liége* (?).

Frédéric signe, comme témoin, l'acte
d'assentiment d'Otbert à la fondation, par le
comte Gérard de Gueldre, de l'église collégiale de Saint-Georges, à Wassemberg.

Original sur parchemin aux archives de
l'église Saint-Georges, à Wassemberg. — Copie
dans Gelenius, *Faragines diplomatum* (manuscrit non publié).

Miraeus et Foppens, *Opera diplomatica*,
t. IV, p. 193 (d'après Gelenius). — Lacomblet,
*Urkundenbuch für die Geschichte der Nieder-
rheins*, t. I, p. 189.

Analyses : de Theux, *Histoire du chapitre
de Saint-Lambert*, t. II, p. 36o. — Wauters,
Table chronologique, t. II, p. 94.

18. *1118*. — *Liége*.

Frédéric, prévôt, est témoin dans un acte
d'Otbert, relatif à des monnaies frappées à
Wessheim par Herman, abbé de Saint-Pan-
taléon, à Cologne.

> *Orignal sur parchemin* aux archives de l'Etat,
> à Liége, *Chartes de Saint-Lambert*, nº 7. — Copie
> dans le *Liber chartarum Ecclesiae Leodiensis*,
> fol. 77, nº 21, aux archives de l'Etat, à Liége.
>
> *Revue de la numismatique belge*, 3e série,
> t. IV, p. 361 (d'après l'original). = Bormans,
> *Recueil des ordonnances de la principauté de
> Liége*, 1re série, t. I, p. 16). — Bormans et
> Schoolmeesters, *Cartulaire de Saint-Lambert*,
> t. I, p. 55.
>
> Analyses : Hinnisdael, *Libri chartarum Ec-
> clesiae Leodiensis*, fol. 8, nº 21, à la Biblio-
> thèque de l'Université, à Liége. — Schoonbroodt,
> *Inventaire des chartes de Saint-Lambert*, p. 4.
> — de Theux, *Histoire du chapitre de Saint-
> Lambert*, t. II, p. 36o. — Wauters, *Table chro-
> nologique*, t. II, pp. 95 et 709.

19. *1119*. — *Liége*.

Frédéric, évêque de Liége, écrit au chapitre de l'église de Malines, au sujet du prévôt
de cette église, lequel était tombé aux mains
de voleurs, au pays de Liége.

> Original perdu.
> Bouille, *Histoire de la ville et de la prin-
> cipauté de Liége*, t. I, pp. 140-141. — Martène
> et Durand, *Amplissima collectio*, t. I, col. 653
> (d'après un manuscrit du Val-Saint-Lambert).
>
> Analyse : Wauters, *Table chronologique*,
> t. II, p. 101.

20. *1120. — Cologne.*

Frédéric, évêque de Liége, assiste à un acte de l'archevêque de Cologne, en faveur de l'abbaye de Siegburg.

Gelenius, *Faragines diplomatum* (manuscrit inédit).

Lacomblet, *Urkundenbuch für die Geschichte der Niederrheins*, t. I, p. 191.

~~L'évêq~~ St Frédéric fut évêque de Liège pend.t 18 mois,
et périt empoisonné, victime de la « Querelle des investitures ».
Son histoire est vraiment peu intéressante. Aussi me bor-
nerai-je à constater que la biographie de S. Frédéric par
M. Magnette est satisfaisante, et qu'elle comporte un
appendice auquel l'auteur donne ce titre « Regestes de
S. Frédéric, évêq. de Liège », mais qui est en réalité un Cata-
logue des actes du saint, avant comme ~~après~~ pendant son
pontificat. Les actes, au nombre de 20, s'échelonnent
sur les années 1095-1120.

A.d.Hg.

(Bibl. de l'Éc. des Chartes, 1846.)